UN PUEBLO SE DEFIENDE

Ein Dorf wehrt sich

Eine spannende Geschichte auf Spanisch
für fortgeschrittene Anfänger
mit deutscher Übersetzung und Vokabelliste

von Valerie Springer

Impressum

Titel:
UN PUEBLO SE DEFIENDE
Ein Dorf wehrt sich
aus der Reihe "Geschichten auf Spanisch: Lernen leicht gemacht"
Autorin:
Valerie Springer
Illustration Titelbild:
Lenora Sternbach
Copyright:
© 2025 Valerie Springer. Alle Rechte vorbehalten.
Hinweis:
Dieses Buch, einschließlich seiner Texte und Illustrationen, ist urheberrechtlich geschützt. Jede Vervielfältigung, Verbreitung oder öffentliche Wiedergabe auch auszugsweise ist ohne die ausdrückliche schriftliche Genehmigung der Autorin untersagt.
Haftungsausschluss:
Die Inhalte dieses Buches wurden mit größter Sorgfalt erstellt. Für die Richtigkeit, Vollständigkeit und Aktualität der Inhalte übernimmt die Autorin jedoch keine Haftung.

Verlag: BoD · Books on Demand GmbH, In de Tarpen 42, 22848 Norderstedt, bod@bod.de
Druck: Libri Plureos GmbH, Friedensallee 273, 22763 Hamburg
ISBN: 978-3-7693-4974-0

UN PUEBLO
SE DEFIENDE

Ein Dorf wehrt sich

Eine spannende Geschichte auf Spanisch
für fortgeschrittene Anfänger
mit deutscher Übersetzung und Vokabelliste

Valerie Springer

¡Bienvenido!

Willkommen!

Lernen hält das Gehirn fit und was könnte schöner sein, als dabei in eine spannende Geschichte einzutauchen?

Das Ziel dieses Buches ist einfach: Spanisch lernen soll Spaß machen! Lernen soll leicht, angenehm und unterhaltsam sein. Keine trockenen Grammatikübungen oder endlose Vokabellisten, sondern eine Story, die dich unterhält und ganz nebenbei dein Sprachgefühl verbessert.

Du musst keine Vokabeln pauken!

Je mehr du dich auf die Handlung einlässt und mitfühlst, desto leichter merkst du dir die Vokabeln. Denn **emotionales Lesen** aktiviert spezielle Bereiche in deinem Gehirn und das macht es spielerisch leicht, neue Wörter und Phrasen kennenzulernen und zu behalten.

Das ist das Besondere an Geschichten: Mit jedem Kapitel tauchst du tiefer in die spanische Sprache ein, und das ganz ohne Druck. Die Wörter und Phrasen prägen sich in dein Unterbewusstsein ein, einfach weil du sie im Kontext erlebst und durch die Emotionen der Geschichte verstärkst.

So macht Lernen nicht nur Spaß, sondern wird auch besonders effektiv!

Das erwartet dich:

- **Kurze Kapitel:** Die Geschichte ist so geschrieben, dass du sie Schritt für Schritt genießen kannst, ohne überfordert zu sein.
- **Einfache Sprache:** Der Text verwendet klar verständliches Spanisch, das speziell für Anfänger mit Vorkenntnissen angepasst wurde.
- **Deutsche Übersetzungen:** Jedes Kapitel enthält eine deutsche Übersetzung, falls du dich einmal mit dem Sinn eines Satzes schwertust.

So benutzt du dieses Buch:

1. Lies jedes Kapitel in Ruhe. Lass dich von der Geschichte mitreißen.
2. Lies die deutsche Übersetzung, wenn du unsicher bist, ob du den Text richtig verstanden hast.
3. Schau dir die Vokabellisten an, falls du ein Wort nicht verstehst.
4. Lies das Kapitel ein zweites Mal, und diesmal wirst du schon viel mehr verstehen!

Sprachverständnis baut sich Schritt für Schritt auf!

Also: Keine Sorge, wenn du nicht alles sofort verstehst.

Du speicherst unbewusst!

Mit Freude und Geduld wirst du immer besser!

Capítulo 1: Un correo preocupante

Es una mañana tranquila en la granja de la familia García. Juan, el agricultor, está sentado en un banco reparando una herramienta. Lleva ropa de trabajo, porque hace un momento estaba en el establo. María, su esposa, está en la cocina tomando una taza de café. Sobre la mesa hay un portátil. María mira preocupada la pantalla.

"Juan, ven aquí. Hay un correo del alcalde", dice María.

"¿Qué quiere el alcalde ahora?", pregunta Juan, levantándose y acercándose a ella.

"Dice que quiere comprar nuestro terreno. Quiere construir una fábrica grande", explica María.

"¡No vamos a vender!", dice Juan en voz alta.

"Pero Juan, la oferta es muy alta. Con ese dinero podemos vivir en la ciudad sin problemas", responde María.

"No, María. Esta granja es de mi familia. Aquí nací yo, y aquí vivieron mi padre y mi abuelo. Este terreno no se vende", dice Juan con firmeza.

En ese momento entra Juanita, la hija. Tiene 25 años y trabaja en la ciudad. Está de vacaciones y quiere pasarlas en la granja de sus padres. Deja la maleta y saluda a sus padres, todos se abrazan y se alegran.

"Hola, mamá. Hola, papá. ¿Qué pasa?", pregunta Juanita.

"El alcalde quiere comprar nuestra granja", explica María.

"¿Y vosotros qué vais a hacer?", pregunta Juanita.

"¡Nada!", responde Juan.

"Papá, tenemos que pensar bien. Tal vez hay una solución moderna para ganar más dinero con la granja", dice Juanita.

"¡Moderna!", responde Juan con una risa. "No necesitamos nada moderno. Solo trabajo duro y buenas decisiones."

Juanita suspira.

"Papá, escúchame. Yo quiero ayudar. Tal vez podemos pensar juntos en algo", dice Juanita con seriedad.

Juan no responde. Sale de la casa, cierra la puerta y regresa al campo.

Juanita mira a su madre con preocupación.

"Mamá, ¿qué vamos a hacer?", pregunta Juanita.

"No sé, hija. Tu padre es un hombre muy terco, pero ama esta granja más que nada en el mundo", responde María con un suspiro.

Juanita se sienta en la mesa y abre su laptop.

"Voy a investigar. Hay que buscar una solución", dice Juanita, decidida.

Kapitel 1: Eine besorgniserregende E-Mail

Es ist ein ruhiger Morgen auf dem Hof der Familie García. Juan, der Bauer, sitzt auf einer Bank und repariert ein Werkzeug. Er trägt Arbeitskleidung, denn er war vorhin gerade im Stall. María, seine Frau, ist in der Küche und trinkt eine Tasse Kaffee. Auf dem Tisch liegt ein Laptop. María schaut besorgt auf den Bildschirm.

"Juan, komm mal her. Es gibt eine E-Mail vom Bürgermeister", sagt María.

"Was will der Bürgermeister jetzt?", fragt Juan, steht auf und geht zu ihr hinüber.

"Er sagt, dass er unser Land kaufen will. Er will eine große Fabrik bauen", erklärt María.

"Wir werden nicht verkaufen!", sagt Juan laut.

"Aber Juan, das Angebot ist sehr hoch. Mit dem Geld könnten wir ohne Probleme in der Stadt leben", antwortet María.

"Nein, María. Dieser Hof gehört meiner Familie. Ich wurde hier geboren, und hier lebten auch mein Vater und mein Großvater. Dieses Land wird nicht verkauft", sagt Juan entschlossen.

In diesem Moment kommt Juanita, die Tochter, herein. Sie ist 25 Jahre alt und arbeitet in der Stadt. Sie hat Urlaub und möchte ihn auf dem Bauernhof ihrer Eltern verbringen. Sie stellt ihren Koffer ab und begrüßt ihre Eltern, die sich alle umarmen und sich freuen.

"Hallo, Mama. Hallo, Papa. Was ist los?", fragt Juanita.

"Der Bürgermeister will unseren Hof kaufen", erklärt María.

"Und was werdet ihr tun?", fragt Juanita.

"Nichts!", antwortet Juan.

"Papa, wir müssen gut nachdenken. Vielleicht gibt es eine moderne Lösung, um mehr Geld mit dem Hof zu verdienen", sagt Juanita.

"Moderne Lösung!", sagt Juan mit einem Lachen. "Wir brauchen nichts Modernes. Nur harte Arbeit und gute Entscheidungen."

Juanita seufzt. "Papa, hör mir zu. Ich will helfen. Vielleicht können wir zusammen etwas überlegen", sagt Juanita ernst.

Juan antwortet nicht. Er verlässt das Haus, schließt die Tür und geht zurück aufs Feld.

Juanita schaut ihre Mutter besorgt an.

"Mama, was werden wir tun?", fragt Juanita.

"Ich weiß es nicht, meine Tochter. Dein Vater ist ein sehr sturer Mann, aber er liebt diesen Hof mehr als alles andere auf der Welt", antwortet María mit einem Seufzen.

Juanita setzt sich an den Tisch und öffnet ihren Laptop.

"Ich werde recherchieren. Wir müssen eine Lösung finden", sagt Juanita entschlossen.

Vokabelliste

el correo	die E-Mail
el alcalde	der Bürgermeister
el terreno	das Grundstück
la fábrica	die Fabrik
la granja	der Hof / die Farm
la herramienta	das Werkzeug
la ropa de trabajo	die Arbeitskleidung
el establo	der Stall
el portátil	der Laptop
la oferta	das Angebot
la familia	die Familie
la hija mayor	die älteste Tochter
la ciudad	die Stadt
las vacaciones	der Urlaub
la maleta	der Koffer
moderno/moderna	modern
el campo	das Feld / die Felder
terco/terca	stur
investigar	erforschen / untersuchen
trabajo duro	harte Arbeit
la pantalla	der Bildschirm

Capítulo 2: Una conversación en la taberna

Es por la tarde. Javier entra en la taberna del pueblo. Está preocupado por la situación de la granja. Al entrar, ve a Pedro, su amigo de la infancia, sentado en una mesa con una bebida refrescante. Pedro nota de inmediato que algo no va bien.

"Hola, Javier", dice Pedro con una sonrisa. "¿Qué pasa? Pareces preocupado."

"Hola, Pedro. Es por la granja", responde Javier mientras se sienta. "Juanita me contó sobre un correo del alcalde. Quiere que mis padres vendan el terreno."

Pedro frunce el ceño y toma un sorbo de su bebida. "Ese tipo solo piensa en negocios. Seguro que quiere construir algo grande."

"Sí, una fábrica. Dice que traerá trabajo al pueblo, pero mi padre solo se queja y no hace nada", explica Javier, visiblemente frustrado.

Pedro asiente lentamente. "Es comprensible. Esta granja es la vida de tu familia."

Javier suspira y mira a Pedro con impotencia. "No sé qué hacer. Está tan enfadado que ni siquiera piensa en cómo podríamos detener al alcalde."

Pedro se inclina hacia adelante, baja la voz y dice: "Escucha, un amigo mío que trabaja en la oficina municipal me dijo que el alcalde aún no tiene todas las autorizaciones necesarias para ese proyecto."

Javier lo mira sorprendido. "¿De verdad? ¿Y cómo podemos estar seguros de eso?"

"Tal vez haya algo en internet o en los archivos de la oficina municipal. Si encontramos pruebas de que no tiene las autorizaciones, podríamos detener el proyecto", explica Pedro.

Javier frunce el ceño. "Eso suena complicado. ¿Quién puede buscar toda esa información?"

Pedro se queda pensando un momento y luego dice: "Juanita podría ayudarnos. Es lista y sabe cómo buscar ese tipo de cosas."

Javier asiente despacio y sonríe un poco. "Tienes razón. Juanita es buena en eso."

Pedro sonríe. "Juanita ... Será bueno verla otra vez. Siempre tiene buenas ideas. Tal vez sea ella quien nos ponga en el camino correcto."

Los dos continúan hablando un rato más y deciden hablar con Juanita para pedirle ayuda.

Kapitel 2: Ein Gespräch im Dorfwirtshaus

Es ist Nachmittag. Javier geht zum Wirtshaus im Dorf. Er macht sich Sorgen um die Situation des Hofes. Als er hereinkommt, sieht er Pedro, seinen Freund seit Kindheitstagen, an einem Tisch mit einem Erfrischungsgetränk sitzen. Pedro bemerkt sofort, dass etwas nicht stimmt.

"Hallo, Javier", sagt Pedro mit einem Lächeln. "Was ist los? Du siehst aus, als hättest du Probleme."

"Hallo, Pedro. Es geht um den Hof", antwortet Javier, während er sich setzt. "Juanita hat mir von einer E-Mail des Bürgermeisters erzählt. Er will, dass meine Eltern das Grundstück verkaufen."

Pedro runzelt die Stirn und nimmt einen Schluck von seinem Getränk. "Dieser Typ denkt nur an Geschäfte! Er will bestimmt etwas Großes bauen."

"Ja, eine Fabrik. Er sagt, dass das Arbeit ins Dorf bringen wird, aber mein Vater will nur schimpfen und nichts unternehmen", erklärt Javier, sichtlich frustriert.

Pedro nickt langsam. "Das ist verständlich. Dieser Hof ist das Leben deiner Familie."

Javier seufzt und schaut Pedro ratlos an. "Ich weiß nicht, was ich tun soll. Er ist so wütend, dass er nicht mal darüber nachdenkt, wie wir den Bürgermeister stoppen könnten."

Pedro lehnt sich nach vorne, senkt die Stimme und sagt: "Hör zu. Ein Freund von mir, der im Gemeindebüro arbeitet, hat mir erzählt, dass der Bürgermeister noch nicht alle Genehmigungen für dieses Projekt hat."

Javier sieht ihn überrascht an. "Ernsthaft? Und wie können wir sicher sein, dass das stimmt?"

"Vielleicht gibt es etwas im Internet oder in den Unterlagen der Gemeinde. Wenn wir Beweise finden, dass er nicht alle Genehmigungen hat, könnten wir das Projekt stoppen", erklärt Pedro.

Javier runzelt die Stirn. "Das klingt kompliziert. Wer soll das alles durchsuchen?"

Pedro überlegt einen Moment und sagt dann: "Juanita könnte uns helfen. Sie ist clever und weiß, wie man solche Dinge findet."

Javier nickt langsam und lächelt leicht. "Stimmt. Juanita ist gut in solchen Sachen."

Pedro lächelt. "Juanita ... Es wird schön sein, sie wiederzusehen. Sie hat immer gute Ideen. Vielleicht bringt sie uns auf die richtige Spur."

Die beiden reden noch eine Weile weiter, bevor sie sich darauf einigen, mit Juanita zu sprechen und sie um Hilfe zu bitten.

Vokabelliste

la taberna	die Kneipe
el amigo de la infancia	der Kindheitsfreund
el refresco	das Erfrischungsgetränk
la preocupación	die Sorge
el proyecto	das Projekt
la fábrica	die Fabrik
el trabajo	die Arbeit
el terreno	das Grundstück
la familia	die Familie
el permiso	die Genehmigung
la oficina municipal	das Gemeindebüro
el archivo público	das öffentliche Archiv
buscar	suchen
el internet	das Internet
el documento	das Dokument
la solución	die Lösung
el plan	der Plan
confiar	vertrauen
frustrado/frustrada	frustriert
apoyar	unterstützen

Capítulo 3: Una visita inesperada

Es por la mañana en la granja. Juan está en el establo con los animales. María sale del gallinero con un cesto; ha recogido huevos. De repente, se escucha un coche.

María se detiene en el patio y observa cómo el coche se detiene frente a la casa. Juan sale del establo y se limpia las manos con un trapo. Mira con desconfianza al alcalde, que baja del coche.

Juan le dice a María: "¿Qué hace este hombre aquí? No lo he invitado."

El alcalde baja del coche con una sonrisa. Lleva un traje elegante y una carpeta en la mano.

"Buenos días, familia García", dice el alcalde.

"¿Qué quiere ahora?", pregunta Juan, cruzando los brazos.

"Vengo a hacerles una nueva oferta. Estoy seguro de que esta vez aceptarán", dice el alcalde, abriendo la carpeta.

María mira los documentos con curiosidad. "¿Qué incluye esta oferta?", pregunta.

"Es mucho dinero, señora García. Con esta cantidad pueden mudarse a una casa en la ciudad y vivir cómodamente", explica el alcalde.

"El dinero no nos interesa. Este terreno es nuestra vida", responde Juan con firmeza.

El alcalde suspira, cierra la carpeta y dice: "Entiendo su posición, pero deberían pensar en el futuro. El proyecto traerá trabajo y progreso al pueblo."

"¿Progreso? Este pueblo no necesita una fábrica, necesita preservar sus tradiciones", dice Juan con fuerza.

"Si no aceptan pronto, las cosas se pondrán complicadas", dice el alcalde con una sonrisa forzada.

"¿Nos está amenazando?", pregunta Juan, dando un paso hacia él.

"No, señor García. Solo les doy un consejo. Reflexionen bien antes de tomar una decisión final", dice el alcalde, volviendo a su coche.

María y Juan se quedan en silencio mientras el coche se aleja. María dice: "Juan, tal vez tenemos que escuchar lo que tiene que decir."

"No, María. Ese hombre no quiere ayudar. Solo quiere destruir lo que hemos construido aquí", responde Juan, entrando en la casa.

Kapitel 3: Ein unerwarteter Besuch

Es ist Morgen auf dem Bauernhof. Juan ist im Stall bei den Tieren. María kommt mit einem Korb aus dem Hühnerstall; sie hat Eier gesammelt. Plötzlich hört man ein Auto.

María bleibt im Hof stehen und beobachtet, wie das Auto vor dem Haus hält. Juan kommt aus dem Stall und wischt sich die Hände mit einem Lappen ab. Er schaut misstrauisch zum Bürgermeister, der aus dem Auto steigt.

Juan sagt zu María: "Was macht dieser Mann hier? Ich habe ihn nicht eingeladen."

Der Bürgermeister steigt aus dem Auto, lächelt und trägt einen eleganten Anzug sowie eine Mappe in der Hand.

"Guten Tag, Familie García", sagt der Bürgermeister.

"Was wollen Sie jetzt?", fragt Juan, die Arme verschränkt.

"Ich bin hier, um Ihnen ein neues Angebot zu machen. Ich bin sicher, dass Sie dieses Mal zustimmen werden", sagt der Bürgermeister und öffnet die Mappe.

María schaut neugierig auf die Dokumente. "Was beinhaltet dieses Angebot?", fragt sie.

"Es ist eine große Summe Geld, Frau García. Mit diesem Betrag können Sie in die Stadt ziehen und bequem leben", erklärt der Bürgermeister.

"Uns interessiert das Geld nicht. Dieses Land ist unser Leben", antwortet Juan mit Nachdruck.

Der Bürgermeister seufzt, schließt die Mappe und sagt: "Ich verstehe Ihre Haltung, aber Sie sollten an die Zukunft denken. Das Projekt wird Arbeit und Fortschritt ins Dorf bringen."

"Fortschritt? Dieses Dorf braucht keine Fabrik, sondern muss seine Traditionen bewahren", sagt Juan entschlossen.

"Wenn Sie nicht bald zustimmen, wird es kompliziert", sagt der Bürgermeister mit einem gezwungenen Lächeln.

"Drohen Sie uns?", fragt Juan und macht einen Schritt auf ihn zu.

"Nein, Herr García. Ich gebe Ihnen nur einen Rat. Denken Sie gut nach, bevor Sie eine endgültige Entscheidung treffen", sagt der Bürgermeister und geht zurück zu seinem Auto.

María und Juan schweigen, während das Auto davonfährt. María sagt: "Juan, vielleicht sollten wir uns anhören, was er zu sagen hat."

"Nein, María. Dieser Mann will nicht helfen. Er will nur zerstören, was wir hier aufgebaut haben", antwortet Juan und geht ins Haus.

Vokabelliste

la visita inesperada	der unerwartete Besuch
el gallinero	der Hühnerstall
el cesto	der Korb
recoger huevos	Eier einsammeln
el patio	der Innenhof
detenerse	stehen bleiben
el traje elegante	der elegante Anzug
la carpeta	die Mappe
cruzar los brazos	die Arme verschränken
mudarse	umziehen
vivir cómodamente	bequem leben
con firmeza	mit Entschlossenheit
el progreso	der Fortschritt
preservar tradiciones	Traditionen bewahren
complicarse las cosas	sich die Dinge erschweren
la amenaza	die Drohung
reflexionar bien	gut nachdenken
la decisión final	die endgültige Entscheidung
el silencio	die Stille
dar un paso hacia alguien	einen Schritt auf jmd. zugehen
alejarse	sich entfernen / wegfahren

Capítulo 4: Un plan en marcha

Juanita está sentada frente a su laptop en la mesa de la cocina. Javier entra y se sienta a su lado. Ambos están en silencio por un momento. Finalmente, Juanita habla.

"Javier, tenemos que hacer algo. No podemos esperar a que papá cambie de opinión", dice Juanita mientras escribe en su laptop.

"Pedro dice que los documentos del alcalde tienen errores", dice Javier

"Si encontramos algo ilegal, podemos detener este proyecto", explica Juanita.

"Pero, ¿cómo vamos a buscar? No sabemos dónde están esos documentos", dice Javier, dudando.

"Pienso que algunas cosas están en línea. Estos proyectos municipales deben ser siempre públicos, así es la ley. Vamos a buscar juntos las autorizaciones del proyecto", responde Juanita con determinación.

Javier observa la pantalla con interés. "¿Y si no encontramos nada?"

"Entonces buscamos otra solución. Pero tenemos que intentarlo", dice Juanita con confianza.

María sirve café. "¿Qué estáis haciendo, hijos?", pregunta.

"Estamos buscando información sobre el proyecto del alcalde", explica Juanita.

"¿Y qué piensais hacer con eso?", pregunta María preocupada.

"Si encontramos algo ilegal, lo usamos para detenerlo", dice Javier.

"Por favor, con cuidado. Ese hombre no es fácil", advierte María.

Juanita sonríe. "No te preocupes, mamá. Solo queremos ayudar a la granja."

María suspira y dice: "Confío en vosotros."

Los dos continúan buscando en internet. Juanita encuentra una página con documentos públicos del ayuntamiento. "¡Aquí está! Mira, Javier, este es el proyecto del alcalde", dice emocionada.

"¿Qué dice?", pregunta Javier mientras se acerca.

"Hay permisos incompletos. Esto puede ser nuestra oportunidad", responde Juanita.

Javier sonríe por primera vez en días. "Esto podría funcionar. Pedro tenía razón."

"Ahora necesitamos más pruebas. Tenemos que encontrar la manera de entrar al ayuntamiento", dice Juanita en voz baja, mirando directamente a Javier. "¿Crees que Pedro nos ayudará?"

"Claro que nos ayudará", responde Javier sin dudar. "Está cien por cien de nuestro lado. Eso lo sé con seguridad."

Kapitel 4: Ein Plan wird gestartet

Juanita sitzt mit ihrem Laptop am Küchentisch. Javier kommt herein und setzt sich neben sie. Beide schweigen eine Weile. Schließlich spricht Juanita.

"Javier, wir müssen etwas tun. Wir können nicht warten, bis Papa seine Meinung ändert", sagt Juanita, während sie auf ihrem Laptop schreibt.

"Pedro sagt, dass die Dokumente des Bürgermeisters Fehler haben", sagt Javier.

"Wenn wir etwas Illegales finden, können wir dieses Projekt stoppen", erklärt Juanita.

"Aber wie sollen wir suchen? Wir wissen doch nicht, wo diese Dokumente sind", sagt Javier zweifelnd.

"Ich glaube, dass einige Dinge online sind. Solche Projekte einer Gemeinde müssen immer öffentlich sein. So ist das Gesetz. Wir suchen zusammen nach den Genehmigungen für das Projekt", antwortet Juanita entschlossen.

Javier schaut interessiert auf den Bildschirm. "Und wenn wir nichts finden?"

"Dann suchen wir eine andere Lösung. Aber wir müssen es versuchen", sagt Juanita selbstbewusst.

María serviert Kaffee. "Was macht ihr da, Kinder?", fragt sie.

"Wir suchen Informationen über das Projekt des Bürgermeisters", erklärt Juanita.

"Und was wollt ihr damit machen?", fragt María besorgt.

"Wenn wir etwas Illegales finden, nutzen wir es, um das Projekt zu stoppen", sagt Javier.

"Seid bitte vorsichtig. Dieser Mann ist nicht einfach", warnt María.

Juanita lächelt. "Keine Sorge, Mama. Wir wollen nur dem Hof helfen."

María seufzt und sagt: "Ich vertraue euch. Aber macht es richtig."

Die beiden suchen weiter im Internet. Juanita findet eine Seite mit öffentlichen Dokumenten der Gemeinde. "Hier ist es! Schau, Javier, das ist das Projekt des Bürgermeisters", sagt sie aufgeregt.

"Was steht da?", fragt Javier, der näher herankommt.

"Es gibt unvollständige Genehmigungen. Das könnte unsere Chance sein", antwortet Juanita.

Javier lächelt zum ersten Mal seit Tagen. "Das könnte funktionieren. Pedro hatte recht."

"Jetzt brauchen wir mehr Beweise. Wir müssen irgendwie ins Rathaus gelangen", sagt Juanita leise und schaut Javier direkt an. "Glaubst du, dass Pedro mitmachen wird?"

"Natürlich wird er mitmachen", antwortet Javier ohne zu zögern. "Er ist hundertprozentig auf unserer Seite. Das weiß ich genau."

Vokabelliste

estar sentado/a	sitzen
la mesa de la cocina	der Küchentisch
el portátil / la laptop	der Laptop
escribir	schreiben
el error	der Fehler
ilegal	illegal
detener	stoppen
dudar	zweifeln
la autorización	die Genehmigung
el proyecto municipal	das Gemeindeprojekt
público/a	öffentlich
la información	die Information
buscar juntos	gemeinsam suchen
la solución	die Lösung
con determinación	entschlossen
servir café	Kaffee einschenken
con cuidado	vorsichtig
el documento público	das öffentliche Dokument
permiso incompleto	unvollständige Genehmigung
emocionarse	sich freuen / aufgeregt sein
acercarse	sich nähern
cien por cien	hundertprozentig

Capítulo 5: En el ayuntamiento

Es medianoche. Juanita, Javier y Pedro se acercan sigilosamente al ayuntamiento. Los tres visten ropa oscura y se mueven con cuidado para no hacer ruido.

"¿Estás seguro de que podemos entrar?", pregunta Javier nervioso, mirando a su alrededor.

"Sí, Javier. Es un edificio público, y a esta hora no hay nadie. Nadie sospechará nada", responde Pedro en voz baja, pero con confianza.

Cuando llegan, Juanita saca una pequeña linterna de su mochila y alumbra hacia la puerta. Baja lentamente la manija, y la puerta se abre silenciosamente. Entran al edificio y se encuentran en un largo pasillo con oficinas a ambos lados.

"¿Sabes dónde están los documentos?", pregunta Juanita a Pedro.

"Mi amigo me dijo que están en la oficina al final del pasillo", responde Pedro mientras señala con la cabeza.

Caminan hacia la oficina, tratando de no llamar la atención. Juanita mira hacia los lados y dice: "Todo está muy tranquilo. Es nuestra oportunidad."

Cuando llegan a la puerta, ven un cartel que dice *Archivos*. Pedro intenta abrir, pero la puerta está cerrada.

"Está cerrada. ¿Qué hacemos ahora?", pregunta Javier.

"No te preocupes. Mi amigo me dijo que hay una llave en el escritorio de la secretaria", dice Pedro con una sonrisa.

Los tres se acercan al escritorio de la secretaria. Juanita encuentra un cajón abierto y dentro, una pequeña llave.

"Aquí está", dice Juanita mientras levanta la llave.

"Bien, rápido. Abre la puerta", dice Pedro.

Juanita abre la puerta con cuidado. Adentro hay estantes llenos de carpetas y documentos.

"Busquemos rápido. Debemos encontrar algo sobre el proyecto del alcalde", dice Juanita.

Javier revisa una estantería y encuentra una carpeta con el título *Proyecto industrial*.

"¡Aquí está!", dice Javier emocionado.

Juanita abre la carpeta y señala una página. "Mira esto. Dice que falta la autorización de la oficina regional. Sin esto, el proyecto no puede continuar."

"Esto es perfecto. Tomemos fotos de todo", dice Pedro.

Juanita escucha atentamente, tratando de captar algún sonido, pero todo sigue en silencio. Parece que no hay nadie en el edificio. Aun así, tienen miedo de quedarse demasiado tiempo y ser descubiertos. Saben que deben actuar lo más rápido posible.

Javier saca su teléfono y empieza a tomar fotos de los documentos con rapidez. Juanita sostiene la linterna mientras Pedro observa nervioso hacia la puerta.

"Apúrate, Javier", susurra Pedro, moviéndose inquieto.

De repente, Juanita escucha un ruido suave, como pasos en el pasillo. Se queda quieta por un momento y luego susurra con urgencia: "¡Rápido! Creo que alguien viene."

Javier toma la última foto y cierra el expediente apresuradamente. Juanita coloca la llave de vuelta en su lugar, y los tres salen del despacho lo más silenciosamente posible.

Afuera, jadeando un poco, Pedro dice: "Lo logramos."

Juanita mira las fotos en el teléfono de Javier y dice con determinación: "Ahora tenemos las pruebas. Podemos detener al alcalde."

Kapitel 5: Im Rathaus

Es ist mitten in der Nacht. Juanita, Javier und Pedro schleichen sich zum Rathaus. Alle drei tragen dunkle Kleidung und bewegen sich vorsichtig, um keinen Lärm zu machen.

"Bist du sicher, dass wir hineinkommen können?", fragt Javier nervös und blickt sich um. "Ja, Javier. Das ist ein öffentliches Gebäude, und um diese Zeit ist niemand hier. Niemand wird etwas merken", antwortet Pedro leise, aber selbstbewusst.

Als sie ankommen, nimmt Juanita eine kleine Taschenlampe aus ihrem Rucksack und leuchtet zur Tür. Sie drückt die Klinke vorsichtig herunter, und die Tür öffnet sich leise. Sie betreten das Gebäude und stehen in einem langen Flur mit Büros auf beiden Seiten.

"Weißt du, wo die Dokumente sind?", fragt Juanita Pedro.

"Ein Freund hat mir gesagt, dass sie im Büro am Ende des Flurs sind", sagt Pedro und deutet mit dem Kopf.

Sie gehen zum Büro und versuchen, keine Aufmerksamkeit zu erregen. Juanita schaut sich um und sagt: "Alles ist sehr ruhig. Das ist unsere Chance."

Als sie an der Tür ankommen, sehen sie ein Schild mit der Aufschrift *Akten*. Pedro versucht, die Tür zu öffnen, aber sie ist verschlossen.

"Sie ist zu. Was machen wir jetzt?", fragt Javier.

"Keine Sorge. Mein Freund hat gesagt, dass es einen Schlüssel im Schreibtisch der Sekretärin gibt", sagt Pedro mit einem Lächeln.

Die drei gehen zum Schreibtisch der Sekretärin. Juanita findet eine offene Schublade und darin einen kleinen Schlüssel.

"Hier ist er", sagt Juanita und hält den Schlüssel hoch.

"Gut, schnell, öffne die Tür", sagt Pedro.

Juanita öffnet die Tür vorsichtig. Im Inneren gibt es Regale voller Ordner und Dokumente.

"Suchen wir schnell. Wir müssen etwas über das Projekt des Bürgermeisters finden", sagt Juanita.

Javier durchsucht ein Regal und findet einen Ordner mit dem Titel *Industrieprojekt*.

"Hier ist er!", sagt Javier aufgeregt.

Juanita öffnet den Ordner und zeigt auf eine Seite. "Schau mal. Hier steht, dass die Genehmigung der regionalen Behörde fehlt. Ohne diese kann das Projekt nicht weitergehen."

"Das ist perfekt. Wir machen Fotos von allem", sagt Pedro.

Juanita lauscht angestrengt, ob sie etwas hört, aber alles bleibt still. Niemand scheint im Gebäude zu sein. Trotzdem haben sie Angst, dass sie zu lange bleiben und entdeckt werden könnten. Sie wissen, dass sie so schnell wie möglich handeln müssen.

Javier holt sein Handy heraus und beginnt, eilig Fotos von den Dokumenten zu machen. Juanita hält die Taschenlampe, während Pedro nervös zur Tür schaut.

"Mach schneller, Javier", flüstert Pedro, der unruhig hin und her schaut.

Plötzlich hört Juanita ein leises Geräusch, wie Schritte im Flur. Sie friert einen Moment ein und flüstert dann drängend: "Schnell! Ich glaube, jemand kommt."

Javier macht noch das letzte Foto und klappt den Ordner hastig zu. Juanita legt den Schlüssel zurück, und die drei verlassen das Büro so leise wie möglich.

Draußen, außer Atem, sagt Pedro: "Wir haben es geschafft."

Juanita blickt auf die Fotos auf Javiers Handy und sagt entschlossen: "Jetzt haben wir die Beweise. Wir können den Bürgermeister stoppen."

Vokabelliste

medianoche	Mitternacht
acercarse sigilosamente	sich leise/schleichend nähern
la linterna	die Taschenlampe
la manija	die Türklinke
el pasillo	der Flur
la oficina	das Büro
el cartel	das Schild
los archivos	die Akten / das Archiv
cerrado/a	geschlossen
el escritorio	der Schreibtisch
el cajón	die Schublade
la llave	der Schlüssel
la estantería	das Regal
la carpeta	die Mappe
la autorización regional	die regionale Genehmigung
tomar fotos	Fotos machen
prestar atención	aufmerksam sein
el ruido suave	das leise Geräusch
los pasos	die Schritte
moverse inquieto/a	sich unruhig bewegen
jadeando	außer Atem
con determinación	entschlossen

Capítulo 6: La estrategia de Juanita

Juanita, Javier y Pedro están en la cocina de la granja de los Garcías. Sobre la mesa hay una laptop y los teléfonos con las fotos de los documentos. Los tres hablan animadamente sobre lo que deben hacer.

"Tenemos las pruebas, pero ¿cómo las usamos?", pregunta Javier, mirando las fotos en su teléfono.

"Podemos hablar con los vecinos del pueblo", dice Juanita. "Si todos saben la verdad, nadie apoyará al alcalde."

"Eso es una buena idea", dice Pedro. "Podemos organizar una reunión en la plaza."

Juan entra en la cocina, sorprendido al verlos trabajando juntos.

"¿Qué hacéis aquí? ¿No tenéis nada más importante que hacer?", pregunta Juan con tono severo.

"Papá, encontramos pruebas contra el proyecto del alcalde", dice Juanita.

"¿Pruebas? ¿De qué habls?", pregunta Juan, frunciendo el ceño.

Javier le muestra las fotos en su teléfono.

"Estos documentos dicen que el alcalde no tiene todas las autorizaciones necesarias", explica Javier.

Juan observa las fotos con interés, pero dice: "¿Y qué? ¿Crees que con esto se puede detenerlo?"

"Sí, papá", responde Juanita. "Si el pueblo sabe lo que está pasando, el alcalde no podrá seguir adelante."

"Eso suena muy bonito, pero no será fácil. Ese hombre tiene mucho poder", dice Juan, sacudiendo la cabeza.

María viene con una bandeja de café y coloca las tazas sobre la mesa.

"Juan, deberías escuchar a los chicos. Están haciendo algo bueno por la granja", dice María con una sonrisa.

Juan suspira y dice: "Está bien. Intentad vuestro plan. Pero no esperéis que el alcalde se rinda fácilmente."

Juanita sonríe y mira a Javier y Pedro. "Mañana vamos a la plaza y hablamos con la gente. Tenemos que actuar rápido."

"De acuerdo", dice Javier. "Vamos a preparar todo esta noche."

Kapitel 6: Juanitas Strategie

Juanita, Javier und Pedro sitzen in der Küche des Hofes der Garcías. Auf dem Tisch liegen ein Laptop und die Handys mit den Fotos der Dokumente. Die drei sprechen angeregt darüber, was sie tun sollen.

"Wir haben die Beweise, aber wie setzen wir sie ein?", fragt Javier, während er die Fotos auf seinem Handy betrachtet.

"Wir könnten mit den Nachbarn im Dorf sprechen", sagt Juanita. "Wenn alle die Wahrheit kennen, wird niemand den Bürgermeister unterstützen."

"Das ist eine gute Idee", sagt Pedro. "Wir können eine Versammlung auf dem Dorfplatz organisieren."

Juan kommt in die Küche und ist überrascht, sie zusammenarbeiten zu sehen.

"Was macht ihr hier? Habt ihr nichts Wichtigeres zu tun?", fragt Juan streng.

"Papa, wir haben Beweise gegen das Projekt des Bürgermeisters gefunden", sagt Juanita.

"Beweise? Wovon redest du?", fragt Juan und runzelt die Stirn.

Javier zeigt ihm die Fotos auf seinem Handy.

"Diese Dokumente zeigen, dass der Bürgermeister nicht alle notwendigen Genehmigungen hat", erklärt Javier.

Juan betrachtet die Fotos interessiert, sagt aber: "Und? Glaubt ihr, dass ihr ihn damit aufhalten könnt?"

"Ja, Papa", antwortet Juanita. "Wenn das Dorf weiß, was passiert, kann der Bürgermeister nicht weitermachen."

"Das klingt ja schön und gut, aber das wird nicht einfach. Dieser Mann hat viel Macht", sagt Juan kopfschüttelnd.

María kommt mit einem Tablett voller Kaffee und stellt die Tassen auf den Tisch.

"Juan, du solltest auf die Kinder hören. Sie tun etwas Gutes für den Hof", sagt María lächelnd.

Juan seufzt und sagt: "In Ordnung. Probiert euren Plan aus. Aber erwartet nicht, dass der Bürgermeister so leicht aufgibt."

Juanita lächelt und schaut zu Javier und Pedro. "Morgen gehen wir auf den Platz und sprechen mit den Leuten. Wir müssen schnell handeln."

"Einverstanden", sagt Javier. "Wir bereiten alles heute Abend vor."

Vokabelliste

la estrategia	die Strategie
animadamente	lebhaft / angeregt
la plaza	der Platz
las pruebas	die Beweise
el vecino/la vecina	der Nachbar / die Nachbarin
organizar una reunión	ein Treffen organisieren
el tono severo	der strenge Ton
fruncir el ceño	die Stirn runzeln
interesado/a	interessiert
sacudir la cabeza	den Kopf schütteln
tener poder	Macht haben
escuchar a alguien	auf jemanden hören
hacer algo bueno	etwas Gutes tun
rendir(se)	aufgeben
de acuerdo	einverstanden
actuar rápido	schnell handeln
preparar todo	alles vorbereiten
la bandeja	das Tablett
colocar	hinstellen / platzieren
la autorización necesaria	die notwendige Genehmigung
trabajar juntos	zusammenarbeiten
mostrar fotos	Fotos zeigen

Capítulo 7: La reunión en la plaza

Es una tarde soleada en el pueblo. Juanita, Javier y Pedro llegan al centro de la plaza, donde ya hay un grupo de vecinos esperando. En sus manos llevan los documentos del proyecto del alcalde.

"¿Qué está pasando aquí?", pregunta un vecino curioso.

"Queremos contarles algo importante sobre el proyecto del alcalde", dice Juanita, levantando una carpeta con las pruebas.

"¿Es sobre la fábrica?", pregunta otra vecina.

"Sí", responde Javier. "Encontramos documentos que prueban que el proyecto no tiene todas las autorizaciones necesarias."

La gente comienza a murmurar y a moverse inquieta. Juanita toma la palabra.

"Escuchen, este proyecto no es solo un problema para nuestra familia. También afectará todo el pueblo", dice Juanita con voz firme.

"¿Cómo podemos estar seguros de que lo que dicen es verdad?", pregunta un hombre en la primera fila.

Pedro muestra uno de los documentos y explica: "Aquí pueden ver que falta la autorización de la oficina regional. Sin esta firma, el proyecto no puede continuar legalmente."

Una mujer mayor levanta la mano. "Entonces, ¿el alcalde está haciendo algo ilegal?", pregunta.

"Exacto", responde Juanita. "Quiere avanzar con el proyecto sin cumplir las reglas."

"¿Qué podemos hacer nosotros?", pregunta otra persona del grupo.

"Podemos unirnos y exigir una reunión pública con el alcalde. Si todos pedimos explicaciones, no podrá ignorarnos", dice Juanita decidida.

Los vecinos comienzan a hablar entre ellos. Poco a poco, el grupo se muestra más unido y dispuesto a actuar.

Juanita sonríe al ver que el pueblo está de su lado. "Gracias a todos por su apoyo. Juntos podemos detener este proyecto."

Mientras los vecinos se dispersan, Pedro se acerca a Juanita y Javier.

"Creo que esto fue un buen comienzo, pero el alcalde no se rendirá tan fácil", dice Pedro.

"Lo sabemos", responde Javier. "Pero no estamos solos. Ahora tenemos el apoyo de todos."

Kapitel 7: Die Versammlung auf dem Platz

Es ist ein sonniger Nachmittag im Dorf. Juanita, Javier und Pedro kommen zum Dorfplatz, wo bereits eine Gruppe von Nachbarn wartet. In ihren Händen halten sie die ausgedruckten Dokumente über das Projekt des Bürgermeisters.

"Was ist hier los?", fragt ein neugieriger Nachbar.

"Wir möchten euch etwas Wichtiges über das Projekt des Bürgermeisters erzählen", sagt Juanita und hebt eine Mappe mit den Beweisen.

"Geht es um die Fabrik?", fragt eine andere Nachbarin.

"Ja", antwortet Javier. "Wir haben Dokumente gefunden, die beweisen, dass das Projekt nicht alle notwendigen Genehmigungen hat."

Die Menschen beginnen zu murmeln und werden unruhig. Juanita ergreift das Wort.

"Hört zu, dieses Projekt ist nicht nur ein Problem für unsere Familie. Es wird auch das ganze Dorf betreffen", sagt Juanita mit fester Stimme.

"Wie können wir sicher sein, dass das, was ihr sagt, wahr ist?", fragt ein Mann in der ersten Reihe.

Pedro zeigt eines der Dokumente und erklärt: "Hier könnt ihr sehen, dass die Genehmigung der regionalen Behörde fehlt. Ohne diese Unterschrift kann das Projekt nicht legal fortgesetzt werden."

Eine ältere Frau hebt die Hand. "Bedeutet das, dass der Bürgermeister etwas Illegales macht?", fragt sie.

"Genau", antwortet Juanita. "Er will das Projekt vorantreiben, ohne die Regeln einzuhalten."

"Was können wir tun?", fragt eine andere Person aus der Gruppe.

"Wir können uns zusammenschließen und eine öffentliche Versammlung mit dem Bürgermeister fordern. Wenn wir alle Erklärungen verlangen, kann er uns nicht ignorieren", sagt Juanita entschlossen.

Die Nachbarn beginnen miteinander zu sprechen. Nach und nach wird die Gruppe vereinter und entschlossener zu handeln.

Juanita lächelt, als sie sieht, dass das Dorf auf ihrer Seite ist. "Danke euch allen für eure Unterstützung. Gemeinsam können wir dieses Projekt stoppen."

Während sich die Nachbarn zerstreuen, geht Pedro zu Juanita und Javier.

"Ich denke, das war ein guter Anfang, aber der Bürgermeister wird sich nicht so leicht geschlagen geben", sagt Pedro.

"Das wissen wir", antwortet Javier. "Aber wir sind nicht mehr allein. Jetzt haben wir die Unterstützung aller."

Vokabelliste

la reunión	die Versammlung
la plaza del pueblo	der Dorfplatz
el grupo de vecinos	die Gruppe von Nachbarn
los documentos	die Dokumente
la autorización	die Genehmigung
el proyecto	das Projekt
murmurar	murmeln
moverse inquieto/a	sich unruhig bewegen
tomar la palabra	das Wort ergreifen
la firma	die Unterschrift
cumplir las reglas	die Regeln einhalten
la oficina regional	das regionale Amt
hacer algo ilegal	etwas Illegales tun
unirse	sich zusammenschließen
exigir explicaciones	Erklärungen fordern
mostrar documentos	Dokumente zeigen
actuar juntos	gemeinsam handeln
destruir el pueblo	das Dorf zerstören
el apoyo	die Unterstützung
estar de nuestro lado	auf unserer Seite sein
no rendirse	nicht aufgeben
un buen comienzo	ein guter Anfang

Capítulo 8: Cara a cara con el alcalde

Es la mañana siguiente. Juanita, Javier, Pedro y un grupo grande de vecinos se reúnen frente al ayuntamiento. Todos están decididos a enfrentarse al alcalde y exigir respuestas.

"¿Estáis listos?", pregunta Juanita, mirando a los demás.

"Sí, estamos listos. Es hora de que diga la verdad", responde Pedro con confianza.

Unos minutos después, el alcalde aparece en la puerta del ayuntamiento, con una expresión de sorpresa al ver a tanta gente.

"Buenos días, vecinos", dice con una sonrisa forzada. "¿A qué se debe esta reunión?"

"Queremos hablar sobre el proyecto de la fábrica", dice Juanita con voz firme.

El alcalde cruza los brazos y responde: "Ya saben que este proyecto traerá trabajo y progreso al pueblo. ¿Por qué están en contra?"

"Estamos en contra porque no se trata solo de nuestro terreno", dice Javier. "También hay vecinos que perderán sus tierras. ¿Por qué no dice la verdad?"

Los vecinos comienzan a murmurar, y un hombre en el grupo grita: "¡Es cierto! Mi familia tiene una parcela cerca del río, y también nos quieren obligar a vender."

"Lo mismo pasa con mi terreno", dice una mujer mayor. "Nos ofrecieron un precio ridículo y nos dijeron que no tenemos opción."

El alcalde parece nervioso, pero trata de mantener la calma. "Vecinos, este proyecto es importante para el futuro del pueblo. A veces hay que hacer sacrificios."

"¿Sacrificios? Usted no está haciendo sacrificios", dice Juanita. "Está destruyendo nuestras vidas y nuestras tradiciones."

Pedro saca una carpeta con fotos de los documentos y dice: "Además, este proyecto no tiene todas las autorizaciones necesarias. Aquí falta la firma de la oficina regional. Sin esto, no puede continuar legalmente."

"Eso no es cierto. Todo está en orden", dice el alcalde rápidamente, evitando el contacto visual con el grupo.

"Si todo está en orden, entonces explíquenos por qué faltan las autorizaciones", dice Juanita.

Una mujer del grupo levanta la mano y dice: "Queremos una respuesta clara, señor alcalde. ¿Es cierto que no tiene todas las autorizaciones?"

El alcalde suspira y dice: "Vecinos, les aseguro que todo estará solucionado pronto. Confíen en mí."

"Ya no confiamos en usted", dice un hombre del grupo. "Queremos que este proyecto se detenga hasta que todo sea legal."

Los vecinos asienten, y el alcalde se da cuenta de que no puede seguir ignorándolos. "De acuerdo", dice finalmente. "Organizaremos una reunión oficial para discutir el proyecto. Pero quiero que sepan que esto no será fácil."

"Para nosotros tampoco", responde Juanita. "Pero lucharemos por lo que es justo."

El alcalde regresa al ayuntamiento, y los vecinos comienzan a aplaudir. Pedro sonríe y dice: "Lo hicimos. Ahora es su turno de responder."

"Sí", dice Javier. "Pero todavía tenemos mucho que hacer."

Kapitel 8: Auge in Auge mit dem Bürgermeister

Es ist der nächste Vormittag. Juanita, Javier, Pedro und eine große Gruppe von Nachbarn versammeln sich vor dem Rathaus. Alle sind entschlossen, den Bürgermeister zur Rede zu stellen und Antworten zu fordern.

"Seid ihr bereit?", fragt Juanita und schaut die anderen an.

"Ja, wir sind bereit. Es ist Zeit, dass er die Wahrheit sagt", antwortet Pedro selbstbewusst.

Einige Minuten später erscheint der Bürgermeister an der Tür des Rathauses. Er sieht überrascht aus, so viele Menschen zu sehen.

"Guten Morgen, Nachbarn", sagt er mit einem gezwungenen Lächeln. "Was führt Sie hierher?"

"Wir wollen über das Projekt der Fabrik sprechen", sagt Juanita mit fester Stimme.

Der Bürgermeister verschränkt die Arme und antwortet: "Sie wissen doch, dass dieses Projekt Arbeit und Fortschritt ins Dorf bringen wird. Warum sind Sie dagegen?"

"Wir sind dagegen, weil es nicht nur um unser Grundstück geht", sagt Javier. "Auch andere Nachbarn sollen ihre Grundstücke verlieren. Warum sagen Sie nicht die Wahrheit?"

Die Nachbarn beginnen zu murmeln, und ein Mann in der Gruppe ruft: "Das stimmt! Meine Familie hat ein Stück

Land am Fluss, und uns wollen sie auch zum Verkauf zwingen."

"Das Gleiche passiert mit meinem Grundstück", sagt eine ältere Frau. "Man hat uns einen lächerlichen Preis angeboten und gesagt, wir hätten keine Wahl."

Der Bürgermeister wirkt nervös, versucht aber, ruhig zu bleiben. "Nachbarn, dieses Projekt ist wichtig für die Zukunft des Dorfes. Manchmal muss man Opfer bringen."

"Opfer? Sie bringen keine Opfer", sagt Juanita. "Sie zerstören unser Leben und unsere Traditionen."

Pedro zeigt einen Ordner mit Fotos der Dokumente und sagt: "Außerdem hat dieses Projekt nicht alle notwendigen Genehmigungen. Hier fehlt die Unterschrift der regionalen Behörde. Ohne diese kann es nicht legal weitergehen."

"Das stimmt nicht. Alles ist in Ordnung", sagt der Bürgermeister schnell und vermeidet den Blickkontakt mit der Gruppe.

"Wenn alles in Ordnung ist, erklären Sie uns doch, warum die Genehmigungen fehlen", sagt Juanita.

Eine Frau aus der Gruppe hebt die Hand und sagt: "Wir wollen eine klare Antwort, Herr Bürgermeister. Stimmt es, dass Sie nicht alle Genehmigungen haben?"

Der Bürgermeister seufzt und sagt: "Nachbarn, ich versichere Ihnen, dass bald alles geregelt ist. Vertrauen Sie mir."

"Wir vertrauen Ihnen nicht mehr", sagt ein Mann aus der Gruppe. "Wir wollen, dass dieses Projekt gestoppt wird, bis alles legal ist."

Die Nachbarn nicken zustimmend, und der Bürgermeister merkt, dass er sie nicht länger ignorieren kann. "Einverstanden", sagt er schließlich. "Wir werden eine offizielle Versammlung organisieren, um das Projekt zu besprechen. Aber ich möchte, dass Sie wissen, dass das nicht einfach wird."

"Für uns auch nicht", antwortet Juanita. "Aber wir werden für das kämpfen, was gerecht ist."

Der Bürgermeister geht zurück ins Rathaus, und die Nachbarn beginnen zu applaudieren. Pedro lächelt und sagt: "Wir haben es geschafft. Jetzt ist er an der Reihe, sich zu erklären."

"Ja", sagt Javier. "Aber es gibt noch viel zu tun."

Vokabelliste

cara a cara	von Angesicht zu Angesicht
el ayuntamiento	das Rathaus
enfrentarse a alguien	sich jemandem stellen
exigir respuestas	Antworten fordern
la verdad	die Wahrheit
la sonrisa forzada	das gezwungene Lächeln
estar en contra	dagegen sein
perder las tierras	das Land verlieren
la parcela	das Grundstück
obligar a vender	zum Verkauf zwingen
hacer sacrificios	Opfer bringen
destruir tradiciones	Traditionen zerstören
la carpeta	die Mappe
la autorización necesaria	die notwendige Genehmigung
evitar el contacto visual	den Blickkontakt vermeiden
dar una respuesta clara	eine klare Antwort geben
asegurar algo	etwas versichern
detener un proyecto	ein Projekt stoppen
luchar por algo	für etwas kämpfen
aplaudir	applaudieren
ignorar a alguien	jemanden ignorieren
el turno	die Reihe / der Zug

Capítulo 9: El plan para detener el proyecto

Es por la tarde en la granja García. Juanita, Javier y Pedro están en la mesa de la cocina, rodeados de papeles y sus laptops. María les sirve café mientras Juan los observa desde un rincón, todavía un poco escéptico.

"Tenemos que preparar todo para la reunión oficial", dice Juanita, escribiendo en su laptop.

"¿Qué piensas presentar?", pregunta Pedro.

"Voy a organizar los documentos y las fotos para que todos vean la verdad sobre el proyecto del alcalde", explica Juanita.

"También tenemos que hablar de cómo este proyecto destruye no sólo a las familias, sino también a la naturaleza. El río se contamina y la tierra queda inutilizable."

"Tienes razón", responde Juanita. "Voy a incluir eso en nuestra presentación."

Juan se acerca lentamente a la mesa y dice: "Bueno, parece que teneis todo bajo control. Pero os recuerdo que ese hombre no se rendirá fácilmente."

"Lo sabemos, papá", dice Javier. "Pero ahora el pueblo está de nuestro lado. Juntos somos fuertes."

María sonríe y dice: "Estoy orgullosa de vosotros. Estáis luchando por algo importante."

En ese momento, Pedro recibe un mensaje en su teléfono móvil. "Es mi amigo del ayuntamiento. Dice que ya hay excavadoras y camiones en la carretera de acceso al pueblo. Me ha mandado fotos".

Juanita suspira: "Tenemos que estar preparados para todo. Necesitamos pruebas sólidas para demostrar que este proyecto es un error".

"Voy a hablar con más vecinos para que vengan a la reunión", dice Pedro.

Juanita sonríe. "Perfecto. Si trabajamos juntos, podemos parar el proyecto".

Mientras todos se preparan, Juan los observa en silencio. Finalmente dice: "Un García nunca se rinde."

Kapitel 9: Der Plan, das Projekt zu stoppen

Es ist Nachmittag auf dem Hof der Garcías. Juanita, Javier und Pedro sitzen am Küchentisch, umgeben von Papieren und ihren Laptops. María bringt ihnen Kaffee, während Juan sie aus einer Ecke des Raumes beobachtet, immer noch ein wenig skeptisch.

"Wir müssen alles für die offizielle Versammlung vorbereiten", sagt Juanita, während sie auf ihrem Laptop schreibt.

"Was willst du präsentieren?", fragt Pedro.

"Ich werde die Dokumente und Fotos so organisieren, dass jeder die Wahrheit über das Projekt des Bürgermeisters sehen kann", erklärt Juanita.

Javier nickt. "Wir sollten auch darüber sprechen, wie dieses Projekt nicht nur die Familien zerstört, sondern auch die Natur. Der Fluss wird verschmutzt, und das Land wird unbrauchbar."

"Du hast recht", antwortet Juanita. "Ich werde das in unsere Präsentation aufnehmen."

Juan nähert sich langsam dem Tisch und sagt: "Gut, es sieht so aus, als hättet ihr alles unter Kontrolle. Aber ich erinnere euch daran, dass dieser Mann nicht so leicht aufgeben wird."

"Das wissen wir, Papa", sagt Javier. "Aber jetzt steht das Dorf hinter uns. Gemeinsam sind wir stark."

María lächelt und sagt: "Ich bin stolz auf euch. Ihr kämpft für etwas Wichtiges."

In diesem Moment bekommt Pedro eine Nachricht auf seinem Handy. "Das ist mein Freund aus dem Rathaus. Er sagt, dass schon Bagger und Lastwagen auf der Zufahrtsstraße zum Dorf stehen. Er hat mir Fotos geschickt."

Juanita seufzt. "Wir müssen auf alles vorbereitet sein. Wir brauchen solide Beweise, um zu zeigen, dass dieses Projekt ein Fehler ist."

"Ich werde mit weiteren Nachbarn sprechen, damit sie zur Versammlung kommen", sagt Pedro.

Juanita lächelt. "Perfekt. Wenn wir zusammenarbeiten, können wir das Projekt stoppen."

Während sich alle vorbereiten, beobachtet Juan sie schweigend. Schließlich sagt er: "Ein García gibt niemals auf."

Vokabelliste

el plan	der Plan
la reunión oficial	die offizielle Versammlung
los papeles	die Unterlagen
la laptop / el portátil	der Laptop
el rincón	die Ecke
el escéptico / la escéptica	der Skeptiker / die Skeptikerin
preparar todo	alles vorbereiten
organizar documentos	Dokumente ordnen
la presentación	die Präsentation
la contaminación del río	die Verschmutzung des Flusses
la tierra inútil	das unbrauchbare Land
tener algo bajo control	etwas unter Kontrolle haben
rendirse	aufgeben
estar de nuestro lado	auf unserer Seite sein
luchar por algo	für etwas kämpfen
el mensaje	die Nachricht
la carretera de acceso	die Zufahrtsstraße
excavadoras y camiones	Bagger und Lastwagen
las pruebas sólidas	die stichhaltigen Beweise
demostrar un error	einen Fehler aufzeigen
estar preparado para todo	auf alles vorbereitet sein
Un García nunca se rinde.	Ein García gibt niemals auf.

Capítulo 10: El día de la decisión

Es un día soleado. Los habitantes de El Vallecito se reúnen en la plaza frente al ayuntamiento. Juanita, Javier y Pedro están al frente, listos para presentar sus pruebas. María y Juan también están allí para apoyar a sus hijos.

"Debemos mantener la calma y argumentar con claridad", dice Juanita a sus compañeros.

"Estamos listos", responde Javier.

Pedro le lanza una mirada breve a Juanita y le guiña un ojo. "Confío en ti, Juanita. Lo estás haciendo increíble."

Juanita sonríe, algo sorprendida, pero agradecida por sus palabras.

El alcalde Moreno sale del ayuntamiento, acompañado de dos funcionarios. Levanta la mano para saludar a la multitud.

"Buenos días, vecinos", dice. "Estoy aquí para responder a todas sus preguntas."

Juanita da un paso al frente y levanta las fotos de los documentos. "Señor alcalde, sabemos que su proyecto no tiene todas las autorizaciones necesarias. Sin la firma de la oficina regional, es ilegal."

Los vecinos murmuran, y algunos gritan: "¡Explíquese!"

El alcalde sonríe forzadamente. "Esto es un malentendido. Esa autorización llegará pronto. No hay motivo de preocupación."

Pedro se pone al lado de Juanita y le dice enfadado: "Entonces, ¿cómo explica que las excavadoras y los camiones ya estén en la carretera frente al pueblo, a pesar de no tener ese permiso?" Muestra fotos de la carretera del pueblo.

El alcalde se pone nervioso: "Es sólo un error en el proceso administrativo. Pero eso no significa que el proyecto no pueda seguir adelante".

"Un error que nos afecta a todos", dice Javier. "Este proyecto destruye nuestros campos, nuestras casas y nuestro río."

Una mujer mayor en la multitud grita: "¡No queremos este proyecto! ¡Usted está destruyendo nuestro pueblo!"

Los vecinos comienzan a aplaudir y a exigir a gritos que se detenga el proyecto.

El alcalde levanta las manos para pedir calma. "Entiendo sus preocupaciones, pero deberíamos sentarnos a dialogar y encontrar una solución."

"La única solución es detener este proyecto", dice Juanita con firmeza. "Y lucharemos por ello."

Pedro mira a Juanita con admiración. Cuando termina de hablar, le pone suavemente una mano en el hombro. "Lo hiciste increíble", dice en voz baja. "Sabía que podías hacerlo."
Juanita asiente con una sonrisa segura de sí misma.

Los funcionarios le susurran algo al alcalde, y él asiente de mala gana. "Está bien", dice finalmente. "El proyecto se detendrá por ahora, hasta que se cumplan todos los requisitos legales."

La multitud estalla en vítores. Juanita y Javier se miran y sonríen. María abraza a sus hijos y dice: "Estoy tan orgullosa de vosotros."

Pedro le da una palmada en el hombro a Javier. "Lo logramos. Pero ahora comienza el verdadero trabajo."

"Sí", responde Javier. "Pero hemos demostrado lo que se puede lograr cuando trabajamos juntos."

Pedro se queda un momento mirando a Juanita directamente a los ojos. "Y tú, Juanita, eres la razón por la que esto ha sucedido hoy. Lograste unir a todos."

Juanita sostiene su mirada, y por un instante, todo lo demás desaparece. "Gracias, Pedro", dice al final, con una voz cálida y sincera.

Ambos se sonríen, mientras la multitud sigue celebrando. Un nuevo comienzo los espera, tanto para el pueblo como, tal vez, para ellos mismos.

Kapitel 10: Der Tag der Entscheidung

Es ist ein sonniger Tag. Die Dorfbewohner versammeln sich auf dem Platz vor dem Rathaus. Juanita, Javier und Pedro stehen vorne, bereit, ihre Beweise zu präsentieren. María und Juan sind ebenfalls da, um ihre Kinder zu unterstützen.

"Wir müssen ruhig bleiben und klar argumentieren", sagt Juanita zu ihren Begleitern.

"Wir sind bereit", antwortet Javier.

Pedro wirft Juanita einen kurzen Blick zu und zwinkert ihr zu. "Ich glaube an dich, Juanita. Du machst das großartig."

Juanita lächelt, etwas überrascht, aber dankbar für seine Worte.

Der Bürgermeister Moreno tritt aus dem Rathaus, begleitet von zwei Beamten. Er hebt die Hand, um die Menge zu begrüßen. "Guten Morgen, Nachbarn", sagt er. "Ich bin hier, um alle Ihre Fragen zu beantworten."

Juanita tritt entschlossen vor und hebt die Dokumente hoch. "Herr Bürgermeister, wir wissen, dass Ihr Projekt nicht alle Genehmigungen hat. Ohne die Unterschrift der regionalen Behörde ist es illegal."

Die Dorfbewohner murmeln, und einige rufen: "Erklären Sie sich!"

Der Bürgermeister lächelt gezwungen. "Das ist ein Missverständnis. Diese Genehmigung wird bald kommen. Es gibt keinen Grund zur Sorge."

Pedro stellt sich neben Juanita und sagt wütend: "Wie erklären Sie dann, dass die Bagger und Lastwagen bereits auf der Landstraße vor dem Dorf stehen, obwohl Ihnen diese Genehmigung fehlt?" Er zeigt Fotos von der Dorfstraße.

Der Bürgermeister wird nervös. "Das ist nur ein Fehler im administrativen Prozess. Aber das bedeutet nicht, dass das Projekt nicht weitergehen kann."

"Ein Fehler, der uns alle betrifft", sagt Javier. "Dieses Projekt zerstört unsere Felder, unsere Häuser und unseren Fluss."

Eine ältere Frau aus der Menge ruft: "Wir wollen dieses Projekt nicht! Sie zerstören unser Dorf!"

Die Dorfbewohner beginnen zu applaudieren und fordern lautstark, dass das Projekt gestoppt wird.

Der Bürgermeister hebt die Hände, um Ruhe zu bitten. "Ich verstehe Ihre Sorgen, aber wir sollten uns zusammensetzen und eine Lösung finden."

"Die einzige Lösung ist, dieses Projekt zu stoppen", sagt Juanita mit fester Stimme. "Und wir werden dafür kämpfen."

Pedro sieht Juanita bewundernd an. Als sie fertig gesprochen hat, legt er ihr sanft eine Hand auf die Schulter. "Das war großartig", sagt er leise. "Ich wusste, dass du das schaffst."

Juanita nickt ihm selbstbewusst zu.

Die Beamten flüstern dem Bürgermeister etwas zu, und er nickt widerwillig. "Gut", sagt er schließlich. "Das Projekt wird vorerst gestoppt, bis alle rechtlichen Anforderungen erfüllt sind."

Die Menge jubelt. Juanita und Javier sehen sich an und lächeln. María umarmt ihre Kinder und sagt: "Ich bin so stolz auf euch."

Pedro klopft Javier auf die Schulter. "Wir haben es geschafft. Aber jetzt beginnt die wahre Arbeit."

"Ja", antwortet Javier. "Aber wir haben gezeigt, was man erreichen kann, wenn man zusammenhält."

Pedro bleibt kurz stehen und sieht Juanita direkt an. "Und du, Juanita, bist der Grund, warum das hier heute passiert ist. Du hast alle zusammengebracht."

Juanita erwidert seinen Blick, und für einen Moment ist alles um sie herum unwichtig. "Danke, Pedro", sagt sie schließlich, ihre Stimme warm und ehrlich.

Die beiden lächeln sich an, während die Menge weiter jubelt. Ein neuer Anfang liegt vor ihnen, für das Dorf und vielleicht auch für sie selbst.

Vokabelliste

el día de la decisión	der Tag der Entscheidung
la multitud	die Menschenmenge
los funcionarios	die Beamten
la autorización necesaria	die notwendige Genehmigung
presentar pruebas	Beweise vorlegen
argumentar con claridad	klar argumentieren
el guiño	das Zwinkern
sonreír forzadamente	gezwungen lächeln
el malentendido	das Missverständnis
el error administrativo	der Verwaltungsfehler
el río	der Fluss
exigir calma	Ruhe fordern
detener un proyecto	ein Projekt stoppen
luchar por algo	für etwas kämpfen
ruborizarse	erröten
los vítores	der Jubel
dar una palmada en el hombro	auf die Schulter klopfen
mirarse a los ojos	sich in die Augen schauen
cumplir los requisitos	Vorgaben erfüllen
la voz cálida y sincera	die warme und ehrliche Stimme

Capítulo 11: Un nuevo comienzo

Han pasado varias semanas desde la reunión en la plaza del pueblo. El proyecto del alcalde se ha detenido oficialmente y las excavadoras y los camiones se han vuelto a marchar. Los vecinos están haciendo nuevos planes para el futuro de El Vallecito.

En la granja García, todo está lleno de actividad. Juanita y Javier están afuera, en la granja, preparando todo para la venta directa. El sol brilla en el cielo, y la granja luce más acogedor que nunca. Las cestas y bandejas con frutas y verduras frescas se ven bonitas y atractivas.

"¿Crees que esto funcionará?", pregunta Javier mientras pinta un cartel que dice *Productos frescos de la granja García.*

"Estoy segura de que sí", responde Juanita mientras organiza frascos de mermelada en una mesa. "Todos los habitantes del pueblo participan en el proyecto de venta directa, el mercado semanal, y además todos ofrecen vacaciones en granjas, lo que atraerá a turistas y revitalizará el pueblo. Todo el mundo gana algo."

Juan observa desde la entrada del granero, con los brazos cruzados y una sonrisa en el rostro. "Nunca pensé que diría esto, pero estoy orgulloso de vosotros. Habéis hecho un gran trabajo."

"Gracias, papá", dice Juanita, acercándose para abrazarlo. "Todo esto es para proteger lo que construiste."

Mientras tanto, Pedro llega en su bicicleta, cargando una caja con folletos. "Aquí están los nuevos anuncios para el mercado semanal", dice, entregándolos a Javier.

"Perfecto, Pedro. Gracias por tu ayuda. Nuestro mercado semanal en El Vallecito es un gran paso para todo el pueblo", responde Javier.

Pedro se queda un momento mirando a Juanita y sonríe con orgullo. "Juanita, todo esto ha sido posible gracias a ti. Tu energía ha cambiado todo", dice en voz baja.

"He hecho lo que debía hacer", responde con una sonrisa.

"Eso es lo que más admiro de ti", dice Pedro, sin apartar la mirada.

María sale de la casa con una bandeja de limonada y dice: "Todos, tomen un descanso. Han trabajado mucho hoy."

Los cuatro se sientan en un banco, disfrutando del sol y el aire fresco. Pedro se sienta cerca de Juanita, y aunque no dicen mucho, una conexión silenciosa entre ambos es evidente.

"¿Qué opinas del futuro, Juanita?", pregunta Pedro, rompiendo el silencio.

"Creo que el futuro es brillante. No solo para la granja, sino para todo el pueblo. Este lugar tiene mucho potencial, y ahora lo sabemos", responde Juanita con una sonrisa, mirando a Pedro fugazmente.

Javier asiente. "Hemos aprendido que, si trabajamos juntos, podemos lograr cualquier cosa."

"Así es", dice María. "La granja García no solo es un lugar, es un símbolo de unión y resistencia."

El sonido de las campanas de la iglesia suena a lo lejos, y el grupo se queda en silencio, disfrutando del momento.

Pedro toma discretamente la mano de Juanita, y ella no la aparta.

Kapitel 11: Ein neuer Anfang

Seit der Versammlung auf dem Dorfplatz sind mehrere Wochen vergangen. Das Projekt des Bürgermeisters wurde offiziell gestoppt, die Bagger und Lastwagen sind wieder weggefahren. Die Dorfbewohner machen neue Pläne für die Zukunft von El Vallecito.

Auf dem Hof der Garcías herrscht geschäftiges Treiben. Juanita und Javier sind draußen auf dem Hof und richten alles für den Direktverkauf her. Die Sonne strahlt vom Himmel, und der Hof erstrahlt in einladender Schönheit. Die Körbe und Schalen mit frischem Obst und Gemüse sehen schön und verlockend aus.

"Glaubst du, das wird funktionieren?", fragt Javier, während er ein Schild bemalt, auf dem steht: *Frische Produkte vom Hof García.*

"Ich bin mir sicher", antwortet Juanita, während sie Gläser mit Marmelade auf einem Tisch arrangiert. "Die Leute im Dorf machen alle mit beim Direktverkauf-Projekt, beim Wochenmarkt, und dann bieten alle auch Urlaub am Bauernhof an, das wird Touristen anlocken und das Dorf wird belebt. Jeder verdient etwas."

Juan steht am Eingang zur Scheune, verschränkt die Arme und lächelt. "Ich hätte nie gedacht, dass ich das einmal sagen würde, aber ich bin stolz auf euch. Ihr habt großartige Arbeit geleistet."

"Danke, Papa", sagt Juanita, geht auf ihn zu und umarmt ihn. "Alles, was wir tun, ist, um das zu schützen, was du aufgebaut hast."

Inzwischen kommt Pedro mit seinem Fahrrad an, eine Kiste mit Flyern dabei. "Hier sind die neuen Anzeigen für den lokalen Markt", sagt er und reicht sie Javier.

"Perfekt, Pedro. Danke für deine Hilfe. Der Wochenmarkt wird ein großer Schritt für uns alle im Dorf sein", antwortet Javier.

Pedro bleibt einen Moment stehen und sieht Juanita an. "Juanita, all das hier ist dank dir möglich. Deine Energie hat alles verändert", sagt er leise.

"Ich habe getan, was ich tun musste", antwortet sie mit einem Lächeln.

"Genau das bewundere ich so an dir", erwidert Pedro und lächelt zurück.

María kommt aus dem Haus, eine Karaffe mit Limonade auf einem Tablett. "Alle mal eine Pause machen. Ihr habt heute genug gearbeitet", sagt sie.

Die vier setzen sich auf eine Bank und genießen die Sonne und die frische Luft. Pedro setzt sich in die Nähe von Juanita, und obwohl sie nicht viel sagen, ist die Verbindung zwischen ihnen deutlich spürbar.

"Was denkst du über die Zukunft, Juanita?", fragt Pedro und bricht das Schweigen.

"Ich denke, die Zukunft sieht gut aus. Nicht nur für den Hof, sondern für das ganze Dorf. Dieser Ort hat großes

Potenzial, und jetzt wissen wir das auch", antwortet Juanita mit einem kurzen Blick zu Pedro.

Javier nickt. "Wir haben gelernt, dass wir alles schaffen können, wenn wir zusammenarbeiten."

"Das stimmt", sagt María. "Der Hof García ist nicht nur ein Ort, sondern ein Symbol für Zusammenhalt und Widerstand."

In der Ferne läuten die Kirchenglocken, und die Gruppe schweigt für einen Moment, um den Augenblick zu genießen.

Pedro nimmt Juanitas Hand diskret in seine. Juanita lässt es zu, und ein kleines Lächeln spielt auf ihren Lippen.

Vokabelliste

la venta directa	der Direktverkauf
el cesto	der Korb
el mercado semanal	der Wochenmarkt
las vacaciones en granjas	der Urlaub auf dem Bauernhof
revitalizar el pueblo	das Dorf wiederbeleben
el granero	die Scheune
cruzar los brazos	die Arme verschränken
los folletos	die Flyer / Prospekte
el anuncio	die Anzeige
el descanso	die Pause
la limonada	die Limonade
el banco	die Bank
el aire fresco	die frische Luft
la conexión silenciosa	die stille Verbindung
romper el silencio	die Stille brechen
el potencial	das Potenzial
lograr algo	etwas erreichen
unión y resistencia	Einheit u. Widerstand
el sonido de las campanas	das Läuten der Glocken
discretamente	unauffällig

Capítulo 12: El espíritu del cambio

Después de que el alcalde Moreno decide detener temporalmente el proyecto, Juanita contacta a su viejo amigo Daniel, un periodista que trabaja en la capital. Le cuenta lo que está sucediendo en El Vallecito y los planes del alcalde. Daniel se interesa de inmediato.

"Esto suena como una historia que debe contarse", dice Daniel por teléfono. "Proyectos como este son exactamente lo que la gente ya no quiere. Destruir la naturaleza y las tradiciones no encaja con el espíritu de estos tiempos."

"Eso espero", responde Juanita. "Si escribes sobre esto, podríamos conseguir más apoyo."

Unos días después, un artículo aparece en un periódico importante con el título: "Un pueblo se defiende: El Vallecito lucha contra un megaproyecto". El artículo describe la destrucción planificada de tierras agrícolas y las consecuencias para los habitantes del pueblo. Daniel destaca la importancia de proteger los modos de vida tradicionales y la naturaleza, y menciona la iniciativa de los vecinos para encontrar una solución conjunta.

El artículo genera un gran impacto. Organizaciones ambientalistas de la capital y de otras regiones contactan a Juanita para ofrecer su apoyo. Incluso en las redes sociales, el pueblo se convierte en un símbolo de resistencia contra proyectos destructivos.

Unos días después, el alcalde Moreno invita a los habitantes de El Vallecito a una reunión en el ayuntamiento. Para sorpresa de muchos, parece reflexivo y más accesible.

"He pensado mucho en todo esto", comienza Moreno, con un tono de voz inusualmente tranquilo. "Es posible que mi primer proyecto puede causar algunos problemas al pueblo. En cualquier caso, ahora voy a hacer todo lo posible para que El Vallecito sea un ejemplo de sostenibilidad y comunidad.."

Los vecinos murmuran sorprendidos, y Juanita da un paso adelante. "Señor alcalde, ese es un gran paso. ¿Está realmente dispuesto a apoyar este objetivo?"

Moreno asiente lentamente, con una leve sonrisa en los labios. "Reconozco que esto también es una oportunidad para mejorar la reputación de nuestro pueblo, y, siendo honesto, también la mía. Pero estoy dispuesto a trabajar con ustedes para crear algo que nos haga sentir orgullosos a todos."

El ambiente en la sala se torna más optimista mientras Moreno propone ideas concretas sobre cómo la comunidad podría apoyar proyectos ecológicos. Juanita intercambia una mirada con Javier y Pedro, y finalmente asiente con aprobación.

"Tal vez todos merezcan una segunda oportunidad", dice Juanita en voz baja.

Juanita y Pedro organizan una reunión en la plaza principal de El Vallecito. El sol de la tarde baña la plaza con una cálida luz dorada mientras los vecinos llegan poco a poco. Hay una atmósfera de expectativa y esperanza. Juanita está al frente, junto a Pedro, con algunas notas en la mano.

"Gracias a todos por venir", comienza Juanita mientras mira a su alrededor. "El artículo en el periódico ha logrado más de lo que jamás imaginé. Ahora depende de nosotros decidir cómo aprovechar este éxito. Tenemos que hablar sobre cómo queremos seguir adelante."

Los vecinos asienten y un aplauso espontáneo llena el lugar. Algunos empiezan a proponer ideas en voz alta, mientras otros discuten animadamente entre ellos.

Pedro, que está al lado de Juanita, la observa con una sonrisa. Cuando los aplausos se calman, coloca suavemente una mano sobre su hombro. "Nunca dudé de que lo lograrías", dice en voz baja, con un tono lleno de orgullo.

Juanita dice: "No fue solo por mí, Pedro. Fue nuestra comunidad. Y también fue gracias a tu apoyo."

Pedro sonríe aún más y dice: "Entonces sigamos adelante juntos. Esto apenas comienza."

A su alrededor, los vecinos continúan compartiendo ideas, y la discusión se vuelve cada vez más animada e inspiradora. Juanita y Pedro intercambian una mirada, una promesa silenciosa de que trabajarán juntos por el futuro de su pueblo.

Finalmente, los vecinos deciden formar un comité para llevar a cabo sus ideas. Juanita es elegida como portavoz, y

Daniel promete seguir publicando sus avances en los medios.

Más tarde, cuando la mayoría de los vecinos se han ido, Pedro se queda con Juanita. "No solo has salvado el pueblo, Juanita. También me has mostrado lo que es posible cuando luchas por lo correcto", dice Pedro.

Juanita lo mira a los ojos y responde: "Es un alivio saber que tengo a alguien como tú a mi lado."

Pedro toma su mano y sonríe. "Siempre, Juanita. Siempre."

Kapitel 12: Der Zeitgeist des Wandels

Nach der Entscheidung des Bürgermeisters, das Projekt vorerst zu stoppen, wendet sich Juanita an ihren alten Studienfreund Daniel, der als Journalist in der Hauptstadt arbeitet. Sie erzählt ihm von den Ereignissen in El Vallecito und den Plänen des Bürgermeisters. Daniel ist sofort interessiert.

"Das klingt nach einer Geschichte, die erzählt werden muss", sagt Daniel am Telefon. "Großprojekte wie dieses sind genau das, was die Leute nicht mehr sehen wollen. Die Natur und die Traditionen zu zerstören, passt nicht mehr in die Zeit."

"Das hoffe ich", antwortet Juanita. "Wenn du darüber schreibst, könnten wir noch mehr Unterstützung bekommen."

Einige Tage später erscheint ein Artikel in einer großen Zeitung mit dem Titel: "Ein Dorf wehrt sich: El Vallecito kämpft gegen ein Großprojekt". Der Artikel beschreibt die geplante Zerstörung von landwirtschaftlichem Land und die drohenden Folgen für die Dorfbewohner. Daniel hebt hervor, wie wichtig es ist, traditionelle Lebensweisen und die Natur zu schützen, und erwähnt die Initiative der Dorfbewohner, gemeinsam eine Lösung zu finden.

Der Artikel veranlasst ein großes Aufsehen. Naturschutzorganisationen aus der Hauptstadt und anderen Regionen melden sich bei Juanita, um ihre Unterstützung anzubieten. Sogar in den sozialen Medien wird das Dorf zu einem Symbol des Widerstands gegen zerstörerische Projekte.

Einige Tage später lädt Bürgermeister Moreno die Dorfbewohner zu einer Versammlung ins Rathaus ein. Überraschend für viele wirkt er nachdenklich und zugänglicher.

"Ich habe über alles nachgedacht", beginnt Moreno, seine Stimme ungewohnt ruhig. "Es ist möglich, dass mein erstes Projekt einige Probleme für das Dorf gebracht hätte. Jetzt werde ich jedenfalls alles tun, damit El Vallecito ein Beispiel für Nachhaltigkeit und Gemeinschaft wird."

Die Dorfbewohner murmeln überrascht, und Juanita tritt einen Schritt vor. "Herr Bürgermeister, das ist ein großer Schritt. Sind Sie wirklich bereit, dieses Ziel zu unterstützen?"

Moreno nickt langsam, ein dünnes Lächeln auf den Lippen. "Ich gebe zu, dass dies auch eine Chance ist, das Ansehen unseres Dorfes, und, ehrlich gesagt, auch mein eigenes, zu stärken. Aber ich bin bereit, mit Ihnen zusammenzuarbeiten, um etwas zu schaffen, das uns alle stolz macht."

Die Stimmung im Raum wird optimistischer, als Moreno konkrete Vorschläge macht, wie die Gemeinde ökologische Projekte unterstützen könnte. Juanita tauscht einen Blick mit Javier und Pedro aus und nickt schließlich zustimmend.

"Vielleicht verdient jeder eine zweite Chance", sagt Juanita leise.

Juanita und Pedro organisieren ein Treffen auf dem Hauptplatz von El Vallecito. Die Abendsonne taucht den Platz in ein warmes, goldenes Licht, während die Dorfbewohner nach und nach eintreffen. Es herrscht eine gespannte, aber hoffnungsvolle Atmosphäre. Juanita steht vorne, neben Pedro, mit Notizen in der Hand.

"Danke, dass ihr alle gekommen seid", beginnt Juanita und blickt in die Runde. "Der Artikel in der Zeitung hat mehr bewirkt, als ich jemals erwartet hätte. Jetzt liegt es an uns, zu entscheiden, wie wir diesen Erfolg nutzen können. Wir müssen darüber sprechen, wie wir weitermachen wollen."

Die Dorfbewohner nicken zustimmend, und ein spontaner Applaus bricht aus. Einige beginnen sofort, Vorschläge zu rufen, während andere eifrig miteinander diskutieren.

Pedro, der neben Juanita steht, beobachtet sie lächelnd. Als der Applaus abebbt, legt er sanft eine Hand auf ihre Schulter. "Ich habe nie daran gezweifelt, dass du das schaffen würdest", sagt er leise, seine Stimme voller Stolz.

Juanita sagt: "Es war nicht nur ich, Pedro. Es war unsere Gemeinschaft. Und es war auch deine Unterstützung."

Pedro lächelt noch breiter und sagt: "Dann lass uns gemeinsam weitermachen. Wir sind noch nicht am Ende."

Die Dorfbewohner um sie herum bringen immer mehr Ideen ein, während die Diskussion lebendig und inspirierend wird. Juanita und Pedro tauschen einen Blick aus, ein stilles Versprechen, dass sie gemeinsam für die Zukunft ihres Dorfes kämpfen werden.

Am Ende beschließen die Dorfbewohner, ein Komitee zu gründen, um ihre Ideen umzusetzen. Juanita wird zur Sprecherin gewählt, und Daniel verspricht, ihre Fortschritte weiterhin in den Medien zu begleiten.

Später, als die meisten Dorfbewohner nach Hause gegangen sind, bleibt Pedro noch bei Juanita. "Du hast nicht nur das Dorf gerettet, sondern auch mir gezeigt, was möglich ist, wenn man für das Richtige kämpft", sagt er.

Juanita schaut ihm in die Augen und antwortet: "Es ist schön zu wissen, dass ich jemanden wie dich an meiner Seite habe."

Pedro nimmt ihre Hand und lächelt. "Immer, Juanita. Immer."

Vokabelliste

el espíritu del cambio	der Geist des Wandels
el periodista	der Journalist
el megaproyecto	das Großprojekt
destruir la naturaleza	die Natur zerstören
los modos de vida	die Lebensweisen
el impacto	die Wirkung / der Einfluss
ambientalisto/a	Umwelt...
la sostenibilidad	die Nachhaltigkeit
la comunidad	die Gemeinschaft
el modelo a seguir	das Vorbild
reflexivo/a	nachdenklich
la reputación	der Ruf
aprovechar el éxito	den Erfolg nutzen
la segunda oportunidad	die zweite Chance
la atmósfera	die Atmosphäre
el comité	das Komitee
la portavoz	die Sprecherin
el avance	der Fortschritt
la luz dorada	das goldene Licht
el alivio	die Erleichterung
luchar por lo correcto	für das Richtige kämpfen

¡Felicidades!

¡Has terminado el libro con éxito! Es un gran logro, y puedes estar realmente orgulloso/a de ti.

Con cada página no solo has conocido la historia de El Vallecito, sino que también has mejorado tu español.

¡Sigue así y descubre la alegría de seguir aprendiendo! Quién sabe qué historias y aventuras te esperan próximamente.

¡Felicidades y adelante!

Herzlichen Glückwunsch!

Du hast das Buch erfolgreich beendet! Das ist eine großartige Leistung, und du kannst wirklich stolz auf dich sein.

Mit jeder Seite hast du nicht nur die Geschichte von El Vallecito kennengelernt, sondern auch dein Spanisch verbessert.

Bleib dran und entdecke weiterhin die Freude am Lernen! Wer weiß, welche Geschichten und Abenteuer dich als Nächstes erwarten.

Weiter so!